Dieses Buch gehört:

Vincent Andreas

Rettung bei Nacht

Bibi & Tina

Lesen lernen

1. Klasse

ab 6 Jahren

Klett Lerntraining

Bibliografische Information der Deutschen Nationalbibliothek
Die Deutsche Nationalbibliothek verzeichnet diese Publikation in der Deutschen Nationalbibliografie; detaillierte bibliografische Daten sind im Internet über http://dnb.dnb.de abrufbar.

Dieses Werk folgt der neuesten Rechtschreibung und Zeichensetzung.

8. Auflage 2021

Redaktion: Susanne Stephan
Lizenz durch KIDDINX Media GmbH
Lahnstraße 21, 12055 Berlin

bibiundtina.de

www.lesedrachen-club.de; kundenservice@klett-lerntraining.de
Der Online-Zugang zum Lese-Führerschein ist bis fünf Jahre nach Ersterscheinen des Buches gewährleistet.
Illustrationen: Agentur Christian Ortega, Barcelona
Satz: GreenTomato GmbH, Stuttgart
Druck: Aumüller Druck GmbH & Co. KG, Regensburg
Bindung: Conzella Verlagsbuchbinderei Urban Meister GmbH & Co. KG, Pfarrkirchen
Printed in Germany
ISBN 978-3-12-949080-8

Inhalt

Nick ist weg!

Es ist ein sonniger Herbsttag.
Die Ferienkinder
auf dem Martinshof haben
beim Reitunterricht viel Spaß.

Doch nicht alle sind fröhlich.
Nick ist immer schlecht gelaunt.
Er hat einfach keine Lust,
mitzumachen.

„Was hat er denn nur?“,
fragt Bibi Nicks Schwester.
„Nick wäre viel lieber zu
einem Fußball-Turnier gefahren“,

antwortet Fine und ergänzt:
„Er mag keine Pferde.“
Das kann Bibi nicht verstehen.
Ob man Nick aufmuntern kann?

Mittags fehlt Nick beim Essen.
Sein Platz bleibt leer.
„Mein Bruder ist ein Dickkopf“,
erklärt Fine Frau Martin.

„Wenn ihm etwas nicht passt,
will er niemanden sehen."
Frau Martin grübelt:
„Vielleicht hat Nick Heimweh?"

Einige Stunden vergehen.
Fine hat ihren Bruder
immer noch nicht gesehen.
Sie sucht ihn überall.

Schließlich erzählt sie
Bibi und Tina davon.
Die Mädchen wollen
gemeinsam nach Nick suchen.

Sabrina hört etwas

Als Bibi zum Tor kommt,
macht sie eine Entdeckung:
„Es fehlt ein Fahrrad!
Nick ist bestimmt abgehauen!“

Fine und Tina eilen herbei.
Sie müssen ihn unbedingt finden,
da es bald dunkel wird.
Fine macht sich große Sorgen.

Bibi und Tina satteln hastig
ihre Pferde im Hof.
Fine darf auch mit.
Sie reitet auf Pony Paulchen.

Die drei suchen Nick
in der ganzen Umgebung.
Doch sie finden ihn nicht.
Schon bricht die Nacht herein ...

Die Mädchen wollen
auf gar keinen Fall umkehren.
Aber was sollen sie tun?
Bibi überlegt kurz und hext:

„Eene meene Rumpelwicht,
vor uns schwebt
ein helles Licht!
Hex-hex!“

„Es klappt!“,
ruft Bibi freudig.
„Besser als eine Taschenlampe!“,
sagt Fine voller Begeisterung.

Und so reiten die drei weiter.
Plötzlich bleibt Sabrina stehen.
Sie spitzt ihre Ohren.
Hat sie etwas gehört?

Rettung bei Nacht

Tatsächlich! Eine Stimme!
Jetzt hören es die anderen auch.
Die drei reiten in die Richtung,
aus der die Stimme kommt.

Die Rufe werden lauter.
Fine ist sich jetzt
ganz sicher:
„Das ist mein Bruder!“

Da sehen sie Nick schon!
Er ist mit seinem Fahrrad
über eine Wurzel gefahren
und gestürzt.

Nick ist sehr froh,
als er die Mädchen sieht.
Fine läuft zu ihrem Bruder
und umarmt ihn.

Nicks Fuß tut scheußlich weh.
Er kann nicht auftreten.
Daher darf er auf Sabrina
nach Hause reiten.

Zurück auf dem Hof untersucht
Frau Martin Nicks Fuß.
Zum Glück ist nur
der Knöchel verstaucht.

Nick findet Pferde jetzt
gar nicht mehr doof.
Er wäre ohne sie nicht
so schnell gerettet worden.

Bibi zwinkert Tina zu.
„Ich glaube,
Sabrina und Amadeus haben
einen neuen Freund gefunden!“

Hufeisen-Quiz

1 Wobei haben die Ferienkinder auf dem Martinshof viel Spaß?

S ( ) beim Radunterricht

P ( ) beim Rodelunterricht

B (X) beim Reitunterricht

2 Wohin wäre Nick lieber gefahren?

O ( ) zu einem Termin

A (X) zu einem Turnier

E ( ) zu einem Torwart

3 Warum kommt Nick nicht zum Mittagessen? Was glaubt Fine?

- U [x] Er will lieber allein sein.
- R [ ] Er hat keinen Hunger.
- N [ ] Er ist bei den Pferden im Stall.

4 Warum denkt Bibi, dass Nick abgehauen ist?

- G [ ] weil Nicks Jacke nicht am Haken hängt
- N [ ] weil Nicks Reisetasche weg ist
- M [x] weil ein Fahrrad fehlt

5 Wie heißt das Pony, auf dem Fine reitet?

- T [ ] Peterchen
- C [ ] Paulinchen
- W [x] Paulchen

6 Die Mädchen suchen Nick überall. Dabei wird es dunkel. Was ist so schlimm daran?

- I ○ Nachts soll es ein Gewitter geben.
- L ○ Fine muss noch Hausaufgaben machen.
- U ☒ Man kann nicht so gut sehen.

7 Wer hat Nicks Rufe zuerst gehört?

- R ☒ Sabrina
- N ○ Saprina
- S ○ Fine

8 Wieso ist Nick gestürzt?

- V ○ Er ist einen Abhang hinabgerutscht.
- Y ○ Er ist gegen einen Baum gefahren.
- Z ☒ Er ist über eine Wurzel gefahren.

9 Warum darf Nick auf Sabrina reiten?

A ○ weil es dunkel ist
E ⊗ weil er sich verletzt hat
O ○ weil er zu faul zum Fahrradfahren ist

10 Warum sind Bibi und Tina am Ende so gut gelaunt?

N ○ weil Frau Martin Butterkuchen spendiert
R ○ weil Nick ein neues Pferd bekommt
L ⊗ weil Nick nun doch Pferde mag

Lese-Führerschein

Lösungswort

Hast du alle Quiz-Fragen beantwortet? Dann trage hier die Buchstaben der richtigen Antworten ein.

B	a	u	m	w	u	r	z	e	l
1	2	3	4	5	6	7	8	9	10

Tipp: Das Lösungswort hat etwas mit der Geschichte zu tun!

Gehe jetzt gemeinsam mit deinen Eltern auf **www.lesedrachen-club.de**

So geht's zum Lese-Führerschein

1. Melde dich kostenlos mit einer E-Mail-Adresse und einem Passwort an.

2. Klicke dann auf Start, und wähle auf der Seite dein Buch aus.

3. Gib nun das Lösungswort ein und bestätige die Eingabe mit OK. Schon hast du 100 Punkte auf deinem Punkte-Konto gutgeschrieben!

4. Nun kannst du dich mit den Lese-Übungen, die für dein Buch angezeigt werden, im Lesen richtig fit machen und die noch fehlenden 50 Punkte für deinen Lese-Führerschein sammeln.

5. Hast du alle Fragen richtig beantwortet? Dann wartet dein Lese-Führerschein auf dich!

Viel Erfolg!

Bibi&Tina

Mein Wunschzettel

Noch mehr Lesestoff mit den beiden Freundinnen!

ISBN 978-3-12-949495-0

Habe ich schon.

Wünsche ich mir.

ISBN 978-3-12-949333-5

Habe ich schon.

Wünsche ich mir.

ISBN 978-3-12-949640-4

Habe ich schon.

Wünsche ich mir.

ISBN 978-3-12-949529-2

Habe ich schon.

Wünsche ich mir.

ISBN 978-3-12-949614-5

Habe ich schon.

Wünsche ich mir.

ISBN 978-3-12-949411-0

Habe ich schon.

Wünsche ich mir.

ISBN 978-3-12-949630-5

Habe ich schon.

Wünsche ich mir.

ISBN 978-3-12-949641-1

Habe ich schon.

Wünsche ich mir.

ISBN 978-3-12-949531-5

Habe ich schon.

Wünsche ich mir.

ISBN 978-3-12-949334-2

Habe ich schon.

Wünsche ich mir.

ISBN 978-3-12-949616-9

Habe ich schon.

Wünsche ich mir.

ISBN 978-3-12-949631-2

Habe ich schon.

Wünsche ich mir.

Erhältlich im Buchhandel.
Weitere Infos: www.klett-lerntraining.de

bibiundtina.de